QUETZALCÓATL
Misterio insondable

Adrián Cerratto Quintana

EDIQUID

QUETZALCÓATL
Misterio insondable

Editado por: Corporación Ígneo, S.A.C.
para su sello editorial Ediquid
Av. Arequipa 185 1380, Urb. Santa Beatriz. Lima, Perú
Primera edición, marzo, 2023

ISBN: 978-612-5078-77-3
Tiraje: 50 ejemplares

Hecho el Depósito Legal en la Biblioteca Nacional del Perú N° 2023-01543
Se terminó de imprimir en marzo de 2023 en:
ALEPH IMPRESIONES SRL
Jr. Risso Nro. 580 Lince, Lima

www.grupoigneo.com
contacto@grupoigneo.com
Facebook: Grupo Ígneo
Twitter: @editorialigneo
Instagram: @grupoigneo

Colección: Nuevas Voces

Índice de contenido

«Que la tierra se una a la planta de tu pie y te mantenga firme, que sostenga tu cuerpo cuando este pierda el equilibrio.
Que el viento refresque tu oído y te dé, a toda hora, la respuesta que cure todo aquello que tu angustia invente.
Que el fuego alimente tu mirada y purifique los alimentos que nutrirán tu alma.
Que la lluvia sea tu aliada, que te entregue sus caricias, que limpie tu mente y alma de todo aquello que no le pertenece»...

Bendición náhuatl

Agradecimiento

QUIÉN DIJO

A mi gurú, V. M. L. D. y al señor Quetzalcóatl

¿Quién dijo que él murió,
si palpita en cada corazón?
Cuando ayudes y des de ti
ya estás recibiendo
la Recompensa...
¿Acaso, ayudas para recibirla?
Lejos, muy lejos de él estarás...

¿Quién dijo que se fue?
¿Acaso no lo viste volver?
¿No lo ves al alba,
cuando se asoma y
comienza el día?...

¿Acaso no lo percibes
en las noches estrelladas?
Silente noche,
estrella brillante,
saeta dorada,
a veces rosada...

¿Quién dijo que lo que enseñó
se olvidó
¿Acaso, cuando riegas la negra tierra,
no lo sientes a él?

O cuando recoges tu cosecha,
¿no descubres
su guiño
picarón?...

¿Quién dijo que su palabra
fue?...
Si es plegaria y
verbo cantarín,
como las cascadas,
las olas y la mar...

¿Acaso no escuchas su enseñanza?
¿No percibes el Sunyata?
¿No reconoces que Él es?
¿Quién dijo que es historia,
si palpita en este vívido presente?...

Aquí y ahora,
agazapado siempre,
silente y alerta,
te observa,
nos observa,
desde el umbral...

Dedicatoria

Los sabios antiguos de Anáhuac tenían otra didáctica para transmitir y enseñar sus preceptos. Utilizaban la poesía para sintetizar la búsqueda de respuestas a sus interrogantes sobre la vida, la muerte, el hombre y la sociedad. A través de la poesía, por ejemplo, impartían sus enseñanzas buscando cambiar la forma de pensar y de sentir.

De allí surge esa máxima de los toltecas:

«Buscad cambiar sus rostros y sus corazones».

Ojalá sirvan de algo, y aporten un granito de arena para poder llegar a la conciencia y al corazón de los lectores,

y se realice el milagro de cambiar los rostros y los corazones.

«Gracias, Señor, por quien vivimos, dueño del cerca y del lejos...

Ojalá seamos fuertes como tú,
astutos como tú,
intrépidos como tú,
sabios como tú,
amorosos como tú...
Que en nuestra laringe resuene el verbo que cure,
que invite a la acción justa,
que nuestras manos sean para curar y consolar al necesitado,
nuestra fuerza y entereza sea para proteger al débil.
Que hagamos un correcto uso de nuestro poder,

que los cargos y posiciones alcanzadas sean para servir y llevar luz a donde no la hay.

Que seamos justos, rectos, sinceros y respetuosos con todas las expresiones de la vida. Y si no es así tu proceder, muy lejos estás de su mensaje, a años luz de su doctrina...».

Prólogo

En esta obra áurea, Adrián Cerrato Quintana nos introduce en el mito de Quetzalcóatl, la serpiente emplumada; tan conocido en las culturas mesoamericanas, resplandeciendo desde la más remota antigüedad como un drama cósmico iniciático, pero que se origina en la conciencia individual de los buscadores de la luz del espíritu.

Drama que se repite con diferentes protagonistas y en diferentes épocas, pero mismo contenido simbólico en toda cultura serpentina sobre la faz de la tierra, indicándonos lo que debemos hacer para trascender esta existencia, a veces tan vaga y tan corta. Deja de ser entonces Quetzalcóatl un individuo humano, para encarnar al Demiurgo, al Logos, al Verbo, a la Palabra.

Drama —camino— que inicia con la decisión particular de ser distintos y hacernos responsables de lo que hemos sido y lo que podemos ser, tal como nos enseña la leyenda al «cargar la cruz Quetzalcóatl».

Cruz de los maravillosos destinos, jeroglífico de la alquimia —al decir de Fulcanelli—, casi incógnita para los mortales, colocada en la multiplicidad del universo para el triunfo del espíritu.

El autor nos hace un recorrido espléndido, ágil, a través de reflexiones metafísicas y poesías de contenido esotérico, aplicadas al diario vivir. Nos introduce en ese halo de misterio del pasado y lo une a la búsqueda y adquisición de valores innatos de nuestra esencia.

Solo nos queda repetir los anhelos de nuestros antepasados:

«Que los soles de entusiasmo te alumbren el camino, muy querido y amable lector.

Que las fuerzas del tigre te acompañen.

Que los cocuyos de sabiduría iluminen tu intelecto.

Que el pino rumoroso dé sombra a tu descanso.

Que las ranas de esmeralda señalen los senderos, croando sin descanso.

Que ella, la naturaleza, sea pródiga contigo.

Que la fuerza universal te bendiga y dirija».

Milton Ureta

Disquisiciones

Esta obra es más que un poemario, ya que trasmite reflexiones, vivencias y poemas inspirados en este ser trascendente y tan actual. Fue escrito como acróstico, pues considero que el nombre con el cual identificaron a este mítico personaje es, en sí, un mantra poderoso que, al ser pronunciado, emite lampos de luz en la atmósfera en donde se nombra.

Si lo crees o no, ya no depende de mí, solo te invito a experimentar y practicar, para comprobar los resultados.

«Cada letra es un poema inspirado en este gran ser».

No pretendo tener la última palabra respecto a este mito fascinante, trascendente y pavorosamente actual. Al estudiar este tema, se descubren nuevas aristas y facetas que me asombran y me invitan a seguir investigando. Es por ello que el subtítulo de esta obra versa «Misterio insondable».

Un mito o leyenda en realidad representa a través de una crónica de algo que transcurrió, pero utiliza imágenes simbólicas, que no deberían tomarse de forma literal. Es más, deberíamos visualizar ese relato mítico como una historia integral, para poder abarcar su totalidad, caso contrario, estaríamos repitiendo como loros lo que otros ya han explicado.

Quetzalcóatl es un misterio insondable, como el mar, como el espacio y el cosmos infinito porque, en síntesis, refleja lo visible y lo invisible en la vida de un hombre y de un pueblo.

Insisto nuevamente: si nos quedamos con la cáscara del mito, sin reflexionar en sus simbolismos, en su dialéctica y su didáctica, realmente la palabra literal simplemente nos limitará y no habremos capturado su significado intrínseco, trascendente y actual; la sabiduría que, como misterio insondable, yace en las reconditeces de nuestro ser interior profundo.

De nosotros depende si nos atrevemos a bucear en nuestras profundidades, en nuestras regiones subconscientes inexploradas, para tratar de integrarlas con lo poco de consciente que poseemos en realidad.

Es a través de las artes, la música, las letras, la pintura y la escultura, que podemos integrar ese mundo emocional: haciendo la fusión con la razón y la lógica que también poseemos.

Es así que gradualmente vamos integrándonos...

«Cambiando nuestro rostro y nuestro corazón».

No es descartando un polo que trascendemos; es integrando ambos polos que evolucionamos, nos revolucionamos y damos un salto en nuestro camino interior; y, al proceder así, estaremos dando pasos firmes y certeros en ese camino del medio, del que nos pregonara el señor Quetzalcóatl, dueño del cerca y del lejos.

Analizando de manera profunda y reflexiva este mito, cuyo personaje central es uno de los más importantes de México y Mesoamérica, es oportuno entender que este dios, según los mayas y los toltecas, aztecas y zapotecas, era considerado un ser excepcional, no solo por sus hazañas sino por sus enseñanzas.

Poseía las dos polaridades: luces y sombras. Era a través de la dualidad que transmitía su sabiduría. Para entenderlo a cabalidad, debemos llegar a la síntesis, es decir, integrar los polos opuestos para que surja algo nuevo, enriquecedor.

En códices antiguos, en donde se transcriben enseñanzas de los sabios ancianos náhuatl, nos ilustran que Quetzalcóatl, su doctrina en síntesis, es el equilibrio, la búsqueda de la integración de la dualidad de la vida.

Es por ello que la balanza es un símbolo no tan conocido y, sin embargo, el que mejor define a este mítico y místico personaje. En donde aparecen dos platillos en los cuales se colocan las buenas y malas acciones, o mejor dijéramos las acciones justas y las injustas, de allí surgirá como resultado si esa persona actuó correctamente o no.

Cuando hablamos de la preciosa serpiente emplumada, descubrimos que, en ella, se encuentra la síntesis de la materialidad, lo mundano, lo vulgar y tosco, y también con asombro descubrimos lo majestuoso de ese vuelo a las esferas más altas del saber y de la espiritualidad.

Otro mensaje muy definido que nos deja este emblemático personaje es su sobriedad, austeridad y templanza, de allí surge otra vez el símbolo del equilibrio, la balanza, el transitar por el medio de los polos opuestos. Siempre buscando la síntesis, la integración de las luces y las sombras.

Vivir siempre en la opulencia, el placer, la riqueza y nada más, sería una vida monocromática, sin matices, en donde solo se disfrutaría, todo nos sonreiría y siempre veríamos el día como soleado; una vida muy lineal, sin sobresaltos, sin desafíos o límites que traspasar, sin obstáculos a vencer. Nunca nos tocaría sortear un trago amargo, obtendríamos todo lo que pudiéramos comprar y, con dolor y profunda pena, descubriríamos al final de nuestros días que no todo se puede comprar. Una vida así sería incompleta, muy hueca y carente de oportunidades para desarrollar el potencial humano.

Que lo literal no nos confunda. Es a través de la adversidad que nos descubrimos, despertamos y trascendemos a un mejor destino.

Quetzalcóatl tenía un hermano que era su doble, su némesis, con el cual combatía. Sin embargo, para vencer al monstruo del agua, tuvieron que trabajar unidos y, a partir de ese triunfo, lograr la creación del mundo y los hombres del quinto sol, la humanidad actual. En realidad, esos combates y la enemistad que tenían simbólicamente nos hablan de la eterna lucha de la luz y las tinieblas, el polo positivo y el negativo, lo masculino y femenino, etc.

Si hay algo digno de resaltar en esta historia trascendente que escapa al mito literal, es que este héroe enseñó con su ejemplo, y, de esa forma, guio y educó a un pueblo hacia un nivel de cultura más elevado. Y el supremo sacrificio que realizó fue irse cuando estaba en su apogeo como gobernante.

Solo un ser superior puede ejercer ese autodominio y dar el paso al costado, sencillamente por caridad a su pueblo, ya que con este simple y sublime acto reconoció que lo más valioso para él era su pueblo, al que debía permitirle que comenzaran a batir sus alas y avanzar solos, pero todos unidos ahora sin su auxilio ni protección.

Esta leyenda nos transmite enseñanzas valiosísimas. Una de ellas, quizás, cual diamante, sea el desarrollo y el ejercicio de la verdadera humildad. Es indudable que en este mito maravilloso el héroe debe vencer, afuera y dentro, los oscuros demonios del orgullo, y claro que lo logra.

En este mito encontramos belleza, arte, poesía, ciencia, mística y filosofía. Como corolario de tal épica historia, tenemos cómo el héroe en cuestión logra la auténtica integración de sus sombras o regiones subconscientes, dando como síntesis el surgimiento de un hombre íntegro, superior y, por ello, digno de gobernar a un pueblo con sencillez, sapiencia, calidez y amor.

Introducción

Cuando viajé al Uruguay, en el año 2000, tuve contacto con ese mágico país, en donde descubrí una cultura y una idiosincrasia particular. Me fascinaron sus playas, las gentes, y fue ahí donde tuve contacto con las enseñanzas de ese dragón de sabiduría que emitía palabras de fuego. Era el reencuentro con el señor Quetzalcóatl. Sus palabras eran ascuas encendidas, que quemaban en mi pecho, y me motivaban a hacer. Nuevamente, me reencontraba con el real camino.

Mitad lagarto, mitad serpiente y, para colmo de males, con alas, en algunos casos, no solo vuela como un águila, sino, además, se sumerge en las aguas profundas de lagos y hasta del bravío mar. Cual dragón dorado, sus palabras son fuego que pretenden despertar los corazones humanos; su verbo es creador y procura siempre ayudar al peregrino, lo invita a reflexionar sobre lo efímero de la vida y lo trascendente del instante, pretendiendo, siempre, el despertar.

Es símbolo antiguo de cómo un ser humano debe elevarse a las alturas más excelsas del espíritu y la inspiración, pero, para ello, debe haber estado en las profundidades de sus propios abismos psicológicos, para resurgir algún día, cual ave fénix de la mitología, previa muerte mística de ese guerrero o guerrera que, a través del fuego (de la pasión), en este caso desintegra lo vil, lo superficial, para revestirse con los valores ígneos de su alma y de su espíritu.

Muchas similitudes entre estos dos seres mitológicos, ambos fueron reverenciados por los antiguos pueblos de antaño.

No creo que las culturas antiguas se hayan equivocado tanto. Es mi sentir que en estos símbolos —el dragón y el ave fénix— se sintetizan cualidades, actitudes, virtudes que deberíamos desarrollar, a través de la meditación, el psicoanálisis, la reflexión profunda, y sacar nuestras conclusiones sobre la vida, el entorno próximo y, sobre todo, lo más valioso: sacar conclusiones o integraciones con nosotros mismos.

Los sadhus nos dicen: «intégrate con tus sombras».

Otra vez, debemos no caer en el facilismo de usar esta frase de forma literal, absurdo, ilógico sería. Es decir, descubrirlas, reconocerlas como algo nuestro, como creación, pero que debe ser erradicada, ya que nos aleja de la luz, de nuestro ser real.

Después de realizar el trabajo descripto más arriba, surge otra frase que complementa la anterior.

«Desintegra tus sombras y extrae la luz».

En el México antiguo, se reverenció a un ser, cual dragón de sabiduría, el señor Quetzalcóatl, que le enseñó a su pueblo agricultura, ciencia, arte y filosofía de alto calibre, como son la inspiración, la momentaneidad, el altruismo y la caridad.

Cuentan las leyendas sobre este gran ser, que, cuando se autorrealizó (es decir, pudo integrar su lado oscuro con el luminoso), se incineró en una pira y se convirtió en un lucero, la estrella de la mañana, en Venus, esa luminaria que representa el amor, simbiosis trascendente de que, cuando una persona se transforma en un pueblo y en la cima de sus capacidades, debe dejar a su pueblo para que este crezca y se desarrolle.

Mientras él, desde lejos, los observa en silencio. Sabiéndolo acompañar en sus aprendizajes, errores y en sus triunfos.

Interesante es conocer que Quetzalcóatl tenía un gemelo antitético, es decir, un doble que lo contrastaba en todo. Representaba la sombra de este ser de luz. Sin embargo, no por representar su lado oscuro o misterioso, no significaba que fuera malo o algo por el estilo. Si pensamos así, muy lejos de la verdad nos encontraríamos, es decir, estaríamos prejuzgando algo o a alguien que desconocemos. Si reflexionamos en el símbolo del *yin yang* oriental, vemos gráficamente que ambos símbolos se integran y complementan, y no podría existir una parte si faltara la otra. De igual manera ocurre con Quetzalcóatl y su gemelo Xólotl náhuatl. Son lo mismo, en esencia, pero llegan a la sabiduría de distinta manera, didácticamente hablando. Es por ello que el gemelo de Quetzalcóatl, Tezcatlipoca, deidad de la magia y la oscuridad, tenía un espejo, y es allí donde radica su mensaje trascendental, a través de ese símbolo nos invita a conocernos a nosotros mismos, pero en profundidad. Es entonces cuando Quetzalcóatl y su gemelo o doble se integran, es el momento de dar el paso al costado y dejar de guiar al pueblo que instruyeron, acompañándolos en silencio, pero sin intervenir directamente.

Solo un alma y un espíritu muy grande puede hacer este gran acto de renuncia para que su pueblo sigua adelante por sus propios medios y méritos. Todo esto solo por amor, para que ese pueblo crezca y desarrolle sus alas y, en algún momento, también ejerza esa maestría de llegar a ser también dragones que irradian fuego de sus palabras y sus corazones y, con sus hechos, demuestren que lo aprendido dio frutos en abundancia.

¿Qué satisfacción deberá sentir ese ser al ver a sus hijos de enseñanzas que se desarrollan y crecen? Y cada uno en su tiempo remonta vuelo para ir a otros confines a enseñar, sembrando en los corazones y las conciencias de esos con quien se reencuentra esas máximas de paz, amor, fe, caridad y tantos valores humanos como rayos del sol. Me impactó su iconografía y sus símbolos trascendentales. Por ejemplo, en algunos pasajes de esta sublime leyenda, el señor Quetzalcóatl lleva sobre sus hombros una cruz tosca de madera, de lados iguales, semejante a una X, invitándonos a reflexionar sobre el sacrificio y que del mismo surge algo nuevo.

En otros pasajes, desciende a los infiernos a recuperar los huesos de sus ancestros, analogía maravillosa de un descenso a sus áreas psicológicas y psíquicas más densas y oscuras, en donde debe enfrentarse a sus propias creaciones (demonios que lo atormentan de varias formas) y vencerlas en sí mismo.

En otros mitos de esta historia legendaria, el personaje en cuestión se incinera e inmola en una pira incandescente y se convierte en un lucero. Metáfora trascendente de un proceso netamente alquímico en donde, a través de ese fuego metafísico místico, el héroe desintegra lo superfluo y vil e integra dentro de sí lo valioso, ese oro alquímico de sus propias virtudes conquistadas.

En esa metamorfosis mística, en donde deja de ser un simple hombre mortal y pasar a otro nivel al convertirse en una estrella (Venus, que representa el amor que todo lo puede y nos ilumina el camino), además, nos anticipa la salida del Sol por las mañanas, analogía trascendente de procesos íntimos de una persona y su real ser.

Esta historia comenta que este gran personaje construye una barca, algunos dicen que de madera de copal, otros que de serpientes entrelazadas (simbolismos significativos), y, después, se despide de su gente, a la cual le comenta que volverá.

Este mito nos invita a vencernos a nosotros mismos. Vencer las limitaciones de la materia y lograr el triunfo de nuestro espíritu. Nos anima a trascender los obstáculos y pruebas en nuestro camino para avanzar como personas.

Siempre que utilicemos las armas de la fe y la espada de la voluntad para vencer a esos antagonistas que representan aspectos nuestros ocultos en nuestro subconsciente, al ir venciéndolos e ir integrándolos, iremos recuperando nuestros valores y dones perdidos por negligencia o descuido.

De nosotros dependerá si avanzamos victoriosos o nos dejamos vencer por los contratiempos y eventos de nuestra vida.

Somos nosotros quienes tenemos la última palabra en nuestras vidas.

Actualizando esa leyenda magistral y trascendente, puedo afirmar que Quetzalcóatl somos todos y cada uno de nosotros, así es. Eres tú, lector, también, en la medida en que busques y encuentres el reencuentro con ese ser, el tuyo, no el histórico.

Su secreto, el de Quetzalcóatl, habita y duerme profundamente dentro de ti, querido lector, y espera que avances y vuelvas al encuentro con el tuyo, el interior que, como dragón de sabiduría, espera que su amado y más preciado discípulo (que eres tú) vuelva algún día a retomar el real camino y se reencuentre con él.

Y es en ese servicio o sacrificio que el señor Quetzalcóatl desarrolla la quintaesencia de su cultura y su doctrina, y, simbólicamente, como el lucero de la mañana, ilumina el camino de otros, todo por amor.

Por otro lado, considerado un dios, el señor Quetzalcóatl simplemente se alejó de su pueblo en una barca y simplemente dijo: «Volveré». Trascendente enseñanza, enigmática, extraña, pero contundente.

Me voy, hasta aquí los guie, ahora les toca a ustedes seguir a tu verdadero maestro, ese que habita en lo más profundo de sus conciencias.

Ahora les toca a ustedes, pueblo mío, pulir y pulir vuestro latón, hasta que brille como un diamante.

Cuando él dijo «Volveré», muchos creyeron que regresaría el personaje histórico y algunos, que habitaron y compartieron con él, creyeron verlo retornar cuando los españoles pisaron las costas de México. Ya sabemos lo que fue la llegada de Cortés y sus piratas.

Más que civilización y Evangelio, trajeron barbarie y pestes, muertes, violaciones, saqueos y esclavitud.

Lo que nadie descubrió aún, salvo unos pocos, es que él regresó, pero volvió en el corazón de un pueblo justo, noble, trabajador, sufrido, tenaz; hombres y mujeres de Thelema que, a pesar de los dramas y tragedias de esta vida, siguen adelante con entusiasmo, fe, valentía y amor. Confirmando con sus obras lo que otrora nos dijera el señor Quetzalcóatl, cuando expresara simplemente «volveré».

Internándome en los bosques de pinos y eucaliptos, caminando a paso limpio, descubro que él volvió o, mejor dicho, nunca se fue. Por la simple y trascendente razón de que él, señor dueño del cerca y del lejos, señor de las lluvias, la belleza y el bien, palpita en el corazón y la conciencia de todos esos hombres y mujeres que, como él, vivieron, padecieron, sufrieron todas las vicisitudes que la vida nos presenta y siempre, pero siempre, siguieron adelante, con paso firme y decidido, viajeros, caminantes del óctuplo sendero.

En todos ellos está viva y actual la doctrina y la enseñanza del señor Quetzalcóatl, ese gemelo precioso de excelsas plumas turquesa y púrpura.

A veces, cuando regreso a mi hogar, de tardecita o de noche, siento la presencia de aquel que una vez pisó estas calles de greda y piedras y hierbas, verde esperanza, y todos los árboles, pájaros y animales lo saludaban a su paso. A ese noble y audaz caballero de oro y púrpura que caminó estos mismos bosques impregnando la atmósfera de magia, paz, armonía y mucho amor, esa fragancia sublime de su ser.

En esas mañanas de espesa niebla, en donde al caminar no se distingue lo que hay a un metro de distancia, atmósfera irreal y casi onírica de estos bosques encantados, donde otrora corrían libres los ciervos, los pumas y los nativos, vivían en armonía en estas sagradas tierras. Es aquí donde, en sus cielos prístinos, volaban esos halcones y esas águilas que nos invitaban a seguirlas. Obviamente, con las alas de la imaginación y, por sobre todo, con las del espíritu.

Hoy, los bosques se poblaron de casas y gentes con sus músicas y costumbres, griteríos, ruidos y modernidad, luces, alarmas, cercos, rejas y portones. La magia se perdió. ¿Se perdió, realmente? O simplemente se ocultó atrás de esos velos que la madre naturaleza pone para protegerse y salvaguardar a los seres que habitan en su seno.

Con asombro, descubro al astro rey que juega a las escondidas entre los árboles, dibujando filigranas de luz, llevando, en cada rayito de luz, esa claridad, ese calor y, por ende, la vida; siento la vida que palpita en ese instante eterno, comprendo la armonía y la grandeza del instante...

Cada tanto, a lo lejos, ruge la mar, eterna compañera del hombre y sus quimeras.

Por todo lo expresado y compartido aquí, cuando me dicen que él se fue, que murió. Sinceramente, no lo creo. Siempre vuelve, de múltiples formas y maneras. O, simplemente, nosotros nos alejamos de él, no lo sabemos reconocer por estar siempre apurados y corriendo de un lado a otro.

Juego magistral, regio arte ancestral de luces y sombras de nuestros estados interiores y esos eventos exteriores.

Si en este ajedrez cósmico, en realidad somos simples peones, o mejor dijéramos meros espectadores que descubrimos y nos descubrimos a través de la conciencia, entonces, les comparto mi sentir: que él volvió, vive y palpita en cada corazón que ame y respete la naturaleza y a sus semejantes. En todos aquellos que cuiden la vida y, por sobre todo, que vivan en libertad, dejando vivir a los demás según su criterio y su sentir.

Mientras en esta pobre y sufrida humanidad habite un corazón, solo uno que sienta y viva lo que escribo renglones arriba, estaremos seguros que Él volvió y sigue habitando con nosotros en este ambiguo y a veces absurdo tránsito humano.

¡Salve, señor Quetzalcóatl, dragón de sabiduría!
¡Salve señor Kukulkán, serpiente alada de luz!
¡Salve señor de la balanza y la espada!

Es mi sentir que este gran personaje sabio, justo, dignísimo, valeroso y templado, con ese simple «volveré», dejó la puerta entreabierta para que su pueblo lo imitara, cada uno, según su particularidad, cada uno simplemente sacando lo mejor y lo más noble de las profundidades de su corazón y de su alma.

«Hechos no palabras».

O, mejor dicho, hechos y palabras llenitas de amor, caridad, armonía, belleza, equilibrio, alegría, que motiven, que inspiren a salir adelante.

Quetzalcóatl

Mitad serpiente,
mitad halcón.
Sombras y luces,
eres un dragón...
Te arrastras
en el lodo
de donde
recoges los
frutos de la acción...
Te elevas
en los cielos
de la conciencia.
Eres un halcón...
Tamizas
los eventos
del llano y
trasmutas los estados
Fiat lux...
Eres Kukulkán
en el umbral,
siempre
buscando
Despertar...
Su fuerza
reside
en su
verbo,

su poder
en su silencio...
Astuto
cual
serpiente,
majestuoso
cual
tempestad...
Sin embargo,
tu gemelo
siempre
te acompaña,
silente,
en acecho...
Proteges
al débil,
amparas
al de humilde
condición...
Enseñas
al que
nada sabe,
das de
beber
al sediento...
Tan simple,
casi imposible
de ejercer
por los cargos,
claro está...

Filosofía
de lo cotidiano,
psicología
experimental...
Corazón tranquilo,
mística soberana
del instante
conciliador...
Amo y señor,
dueño
del cerca
y del lejos...

Como la mar,
majestuoso,
sencillo.
Como la
hierba, las aves
y la madre tierra...
Corazón de oro,
puro en virtudes
sacadas del lodo,
en la cual todos
se embarran...
En la sencillez
se encuentra
su sabiduría.
Su humildad
auténtica,
verdadera,

le abre todas las puertas...
Mitad plumas
de quetzales
mitad
plumas
de halcones...

Tu verbo,
un trueno
que antecede
a tu conciliadora
acción...
Te sumerges
en los profundos
abismos
de la vehemencia...
Te elevas
a las alturas
más sublimes
de la comprensión...
Serpiente emplumada,
dominas el fuego,
pero solo tú
traes el agua
a la tierra
y sus viñedos...
Eres el poder
del espíritu.
Traes la sapiencia
y la sabiduría

del soterrado
abismo
y del mundo
alado...
Tienes el arte
encarnado.
Vives, sufres y
trabajas,
siempre
por tu pueblo...
Justo, sobrio
equilibrado,
cual fiel de
la balanza...
Unes el cielo
con la tierra,
traes el pan,
sabiduría a tu pueblo...
Como auténtico
soberano,
cobijas y proteges
a tus polluelos
de la intriga,
de los vendehúmos
y los engaños...
Todos ellos
ya tienen su boleto
en primera clase
al soterrado averno...

Ustedes pueden...

Podrás recorrer el mundo
y caer exhausto por el viaje.

¿Y con eso qué?
¿Cuál es el secreto por ti develado, sin ninguna ayuda, pues?
Podrás conocer y disfrutar
de todos los placeres
habidos y por haber.
¿Y cuál fue tu propósito?
¿Lo sabes? ¿Descubriste el engaño?
Podrás recitar las escrituras
de atrás para adelante,
en francés, chino o inglés.
¿Y qué sacas en limpio
de todo esto?
¿Te has autorrealizado?
Podrás rodearte de las sedas más finas,
de las flores más dulces y, sin embargo,
¿has encendido tu lámpara?
¿Sabes cuál es tu destino?
Sin embargo,
ustedes pueden
sembrar en los corazones
una alegría,
una palabra cálida y fresca,
una dulce mirada.
¿No es el cielo en la tierra?

¿No es la inspiración encarnada?
Ustedes pueden
unirse siendo cada uno
tal cual es.
Respetarse según la particularidad,
sin imitarse ni buscar imitadores.
¿Es tan difícil ser uno mismo?
Quizás nos cueste la vida.
¿Lo has intentado?...
Ustedes pueden, sin embargo,
honrarlo a Él en la palabra,
los gestos y la mirada.
Hechos.
¿Hay tiempo para charlar?...
Ustedes tienen la última palabra...

Empezar de nuevo

Es fácil hacer siempre lo mismo:
vivir, hablar, trabajar, ritualizar,
siempre, en piloto automático,
por inercia, por conducta gregaria,
en modo avión...
Lo difícil es empezar de nuevo,
olvidar lo aprendido,
saber que, en realidad,
nada sabemos...
Dejar de imitar, de figurar... casi imposible...
Descubrir que hoy es único,
irrepetible original,
que mañana ya es tarde,
que pensar en ello,
es ser un hombre de sal...
Hablar bonito, recitar a los maestros, eso es todo.
Recordar fechas, aniversarios.
¿Y los estados interiores?
¿De qué nos sirve aparentar?
¿Acaso es eso lo que nos vamos a llevar?
Es mejor imitar al jefe.
Todas las mañanas,
un nuevo comienzo.
Luz de luces,
magia, misterio, talidad...
Y cuando él no aparece,
lluvia, viento, soledad,

los eventos, las pruebas.
¿Las tentaciones no son, acaso,
una forma de recomenzar?...
Si cuando cae la negra noche,
y el sereno se aproxima,
crees que él no está,
busca, más profundo,
ahí lo encontrarás...
Si con todo lo vivido, y los caminos recorridos,
ilusos y dormidos,
creyendo ser trascendidos,
erramos el camino...
Empezar de nuevo,
el instante es ya.
Vive, sufre, respira.
Aún queda algo
de tiempo...
Hiperconectado,
erudito ilustrado,
espíritu kalquiano.
Solo un consejo doble les doy:
¡no imites, no te limites más!...
¡Sé tú mismo!

Tiempo límite

Es lo más difícil
de aprehender.
Tiempo no hay...
Lo blanco y lo negro,
lo malo y lo bueno,
el amor y su opuesto,
es todo uno...
Acaso, la noche es peor que el día,
y el día, mejor que ella.
¿Qué sería de una noche eterna?
¿Y de un día Unitotal?
Imposible será aquello
que no nos atrevimos
a realizar.
¿Tiempo límite?
¿Acaso puedes
controlar el viento,
manejar las mareas,
o dominar la tempestad?
Y si llegaras
a realizar
tales prodigios,
¿puedes volver el tiempo atrás?
Y si logras esto último,
con asombro descubrirás,
que tiempo límite
no hay...

Zoo humano

Algunas caminan
como panteras,
siempre al acecho...
Otras, cual gráciles gacelas,
fingen la inocencia...
De vez en cuando,
un solitario lobo estepario,
silente y astuto,
entra en escena...
Muy de vez en cuando,
un tigre,
esperando dar el zarpazo,
un puma
que baja a beber o comer algo,
o un lince ágil,
escurridizo
como la arena
en la playa,
cuando sopla el viento...
Todos buscan
la presa.
Seducen, fascinan, comunican.
En esencia, todos
buscan algo.
Eso tan difícil de hallar
que se escurre como el agua
entre los dedos.

Eso tan necesario,
imprescindible,
sin lo cual la vida
no tendría ningún sentido,
ningún valor.
Como una piedra falsa
que simula ser un zafiro,
todos buscan
cariño, respeto, aceptación,
pertenecer a algo más grande.
En síntesis, todos buscan
el amor...
Quizás nos cueste
toda la existencia
el poder hallarlo.
Quizás ese sea el camino,
la meta,
el propósito último.

Como me dijeron
hace tiempo y a lo lejos...

«Amar y no ser amado es como un sol apagado».

Alma senciente

La diferencia entre
un diamante
y un carbón
es solo su vibración...
El primero transparente,
puro, luminoso.
El segundo tosco, oscuro,
y, sin embargo, son lo mismo...
Pasando por un profundo proceso
de sublimación
ese tosco carbón
se convertirá en una
gema preciosa...
Así es la vida,
así es el alma.
A través de las buenas y justas acciones
se purifica, se ilumina y cambia...

Es solo cambiar la vibración,
la conducta.
Tus hechos te definen.
Tú eliges, así es...

¿Quieres ser un buen amigo?
Jamás traiciones.
¿Quieres la paz?
Ayuda a otros...

La vida en todas
sus formas
es solo una.
¿Aún no lo comprendemos?...

Maltratar la vida
es firmar
un cheque en blanco
que más tarde habrás de pagar...

Se empequeñece el alma,
muere el amor,
dejamos de ver la vida,
erramos el camino...

Límite, no hay

Cuando fuimos niños,
éramos inmensos
en alegrías,
en energías...
El miedo
no existía.
Solo corríamos,
jugábamos,
reíamos...
Después, crecimos.
Nos educaron.
Aparecieron
Los límites...
Ahora, surgen
las cosas
imposibles,
las responsabilidades.
Adiós, inspiración...
Y solo pasamos
nuestras vidas
contando los minutos
para volver a casa...
Nos mutilamos
las alas,
dejamos
de soñar...

Solo razonamientos,
nada más.
Ah,
y cuentas por pagar...
Y cuando vemos
a algún niño
corriendo por ahí,
se nos estruja el pecho...
Al recordar
aquello que
la conciencia
nos recrimina...
Que límite,
límites, imposibles,
en verdad,
no hay...
Solamente
dejamos de buscar,
de ir más lejos,
más alto,
más allá...
Quizás una traducción,
no tan conocida,
del mantra Om
sea:

¡Límite no hay!

Corazón tranquilo

Cadencia de mar,
las olas vienen
y después se van...
Amanece y
después,
pasado algún tiempo,
cae la tarde...
Es lo normal, ¿no?

Sin embargo,
en un instante,
puede acontecer
el prodigio...
En el tumulto,
del día,
en el batallar
de la vida,
surge aquello...
Quizás no nos damos
cuenta,
por falta de práctica
o preparación...
Sin embargo,
si estás atento
y te preparas,
lo sentirás muy hondo,
en tu interior...

Es más sencillo
con los ojos cerrados,
pero mirando lo que nos rodea
también puede acontecer...
Se desdibuja el paisaje,
obviamente
el interior.
La mente se serena...
Parece que
se detiene
la respiración,
y surge eso que se acerca...
Es la inmensidad,
pero de un color
dorado total.
Es nuestro corazón...
Sentimos ser
pequeños, cual átomos,
y, a la vez,
inmensos,
cual firmamento...
Y percibimos
la paz.
Somos la dulzura,
oasis de silencio y armonía...

El pensar
se detuvo.
Los conflictos
son ahora

ciencia ficción...
Solo cobijados
por ese océano
de luz dorada,
cálida y amorosa...
Vivimos el éxtasis,
el silencio absoluto.
Somos un
corazón tranquilo...

Por fin
llegamos
al puerto más difícil
de conquistar.
La tan ansiada
felicidad...

Originalidad

Era como un sol,
siempre brillando,
siempre sonriendo...
En cambio, su hermano
similar a la negra noche,
sereno, silencioso, acechando,
era el menos reconocido.
Caminaba sigiloso,
como un tigre agazapado...
Era el incomprendido,
el temido, el odiado.
Sin embargo, era puro amor...
El áureo dios
movía las masas
como las mareas
del ancho mar...
El misterioso hermano
cautivaba con su misterio,
su magia y silencio...
Si copias a otro,
si dices lo que ya dijeron
tiempo atrás,
lejos de mí estás...
Enseñaba Tezcatlipoca:
muy lejos
estarás
de tu ser

y de tu originalidad...
¿Puedes entender esto?
¿Por qué es tan difícil
descubrirlo?
Parecían tan distintos
rivales, sin embargo,
eran lo mismo...
Juego magistral
de luces y sombras.
La deidad y la seidad...
¿Capturas lo que digo?
Ambos guiaban
al caminante.
Sol de mediodía,
sol de medianoche...
La vía del hombre astuto,
la senda del filo de la navaja,
el óctuplo sendero,
el real camino que conduce a Tum...
Por eso, el gemelo
temido y odiado,
tenía un espejo...
Síntesis magistral
de su cosmogénesis.
Hombre, mírate,
conócete a ti mismo...
Ya lo dijo aquel
que define
a los de la
derecha

y los de la izquierda...
Somos el producto
del ambiente.
Hacemos
lo que otros hacen...
Viviendo así,
lejos,
muy lejos,
estamos del ser,
y su originalidad...

¡Descúbrelo!
Solo eso te pido...
¿Lo intentarás?...

Amor

Solamente,
debemos hacerlo,
aunque nos cueste,
nos duela,
nos incomode...
Con la práctica,
se convertirá
en una necesidad...
Como el respirar,
tan sencillo y vital como
beber agua.
Tan necesario
y no lo vemos...
Encontraremos
que se transforma
en una necesidad;
la nuestra...
Y cuando se
desarrolle
en nosotros
no podremos parar...
Como el sol
que dimana
sus rayos de luz,
así será con
nosotros...
Deberemos dar

eso que brota
de nuestro
interior...
Y al dar cada vez más
recibiremos más
de la fuente...
Sentiremos
una alegría sutil
en cada acto cotidiano...
Y descubriremos
que la fuente y el que bebe
son todo lo mismo...
¿Acaso no lo entiendes?
¿No te das cuenta de que al dar
ese amor
que hay en ti
te conviertes en amor?...
¿Tan difícil descubrirlo?
¿No lo has comprendido aún?
¿No reconoces sus efectos en ti?
¿Y en los demás?
Amar y no ser amado
es lo mismo que un sol apagado...
Sin embargo,
lo importante,
lo trascendente,
es amar...

Triunfo

Jamás podría
existir
sin el previo
combate...
A veces,
simplemente es
vencer nuestros
miedos.
¿Simplemente?
Otras veces,
solo es
trascender
los cotidianos
problemas...
Otras tantas
es pasar
a una mejor
versión
de nosotros mismos...
Contra viento
y marea.
Contra todos los vientos,
contra todas las mareas,
vencernos a nosotros mismos...
Vencer a otros,
¿es eso triunfar?
Poner el dedo en la llaga

y ver cómo el otro sufre,
¿es eso ser un ganador?
No ves que tu alma se
empequeñece...
Se retira la luz
que en ti habita...
No es mejor
Descubrir
nuestros límites
y traspasarlos
eso sí es triunfar...
A pesar de nuestros dramas,
ayudar al otro,
saber escuchar
sin juzgar,
eso sí es triunfar...
Vencer
esos vientos,
tormentas mentales,
reencontrar nuestra paz...
Vencer
esas mareas emocionales
reencontrar la armonía.
¡Oh, augusto silencio!...
Solo después
de los duros combates
llegaremos al puerto
de nuestra felicidad...

Luz

La luz que
sale de la luz,
¿incomprensible?
¿Irreal?
Unitotal...
A veces, destellos
dorados,
haces de luz
plateados...
Siempre
calentando
la piel, la vida,
el amor...
Somos personas,
seres de luz.
Aunque no lo vemos,
nos falta despertar...
Esa luz,
la que habita
en nosotros,
nos conecta...
Haz de luz
que, desde
el corazón,
nos une
a toda la creación...

Aunque habitemos
en cuerpos separados,
todos somos parte
del universo...
Unidos por hilos
invisibles,
una red de luz,
que a todos nos hermana...
No importa el idioma,
la raza,
ni la religión.
Solo importa el amor...
Es la luz que a todos
nos cobija
nos reconforta
y nos mantiene
unidos...
Ya lo dijo el poeta
tiempo atrás:
lo importante
es que sea luz...

Palabras ígneas

Siempre me hizo reflexionar una historia dibujada por ese gran artista que fue Quino.

En ella, vemos un estadista o político que, en una plaza, desde arriba de un palco o tribuna, comienza a hablar y a hablar. Algunos, que paseaban por ahí, se detienen a escucharlo. Se juntan varias decenas y el político, apasionado en su discurso, habla cada vez con más elocuencia y argumentos.

Terminado el acto, todos se van y se observa que un simple barrendero venía haciendo su labor, arrastrando con su escobillón algunas hojas secas y todas las palabras.

Si las palabras no tienen un soporte en la acción, son como esas hojas secas que se van con una simple ventisca o un escobillón.

Ya lo expresó aquel que define a los de la derecha y los de la izquierda: «Somos el producto del ambiente, hacemos lo que otros hacen».

Mejor que simular y parecer, siempre será ser original, no un imitador, mucho menos un simulador...

Dicen que un gran fuego comienza con una simple chispa, y tal como una gran travesía comienza con un simple paso, es a través de las palabras que podemos encender la llama en el corazón, inspirar a otros, calmar las penas del alma, acompañar en el dolor ajeno, restaurar el espíritu de cuerpo o de grupo.

Debemos reflexionar profundamente el resultado de nuestras palabras antes de que salgan de nosotros. Con una simple palabra, podemos desatar un incendio en una pareja, entre amigos, en un grupo, en una sociedad. Debemos comprender que las palabras expresadas viajan e impactan en las personas para bien o para mal y que, después, recibiremos lo mismo que hemos emitido pero multiplicado. Son como cheques en blanco, que emitimos con nuestro verbo, y que después tendremos que pagar al recibir sus efectos.

Decían los sabios de la Antigüedad que nada nos llevamos cuando partimos de este mundo, todo queda aquí: los bienes, el prestigio, el poder, las riquezas, los honores recibidos, nuestro cuerpo... Solo nos acompañarán al más allá las palabras que hemos pronunciado.

Ojalá que ellas hayan sido llenitas de paz, de esperanza, de optimismo, buena vibra, alegría, amor, cariño, solidaridad. Y que estén respaldadas por nuestros hechos. Solo así habremos honrado a nuestros padres, hijos, amigos, enemigos y vecinos, a nuestros instructores y maestros y, por sobre todo, a nuestro real ser. Solo así estaremos en paz, con la conciencia de que no nos pasará lo del político y el barrendero.

Son ellas, nuestras palabras, cuando están respaldadas por nuestros hechos. Nos acompañarán cuando crucemos a la otra orilla en la barca de Quetzalcóatl.

Gracias por tu paciencia: que el sol del mediodía y el sol de medianoche te acompañen, hasta siempre...

Adrián Cerratto Quintana
acerrattoquintana@gmail.com

OTROS LIBROS DEL AUTOR

Ave fénix. Poesía inspirada

Opus Magnum. Poemarium

The sea. Versuario

www.ingramcontent.com/pod-product-compliance
Lightning Source LLC
LaVergne TN
LVHW040958150826
845672LV00002B/761

* 9 7 8 6 1 2 5 0 7 8 7 7 3 *